AF508854

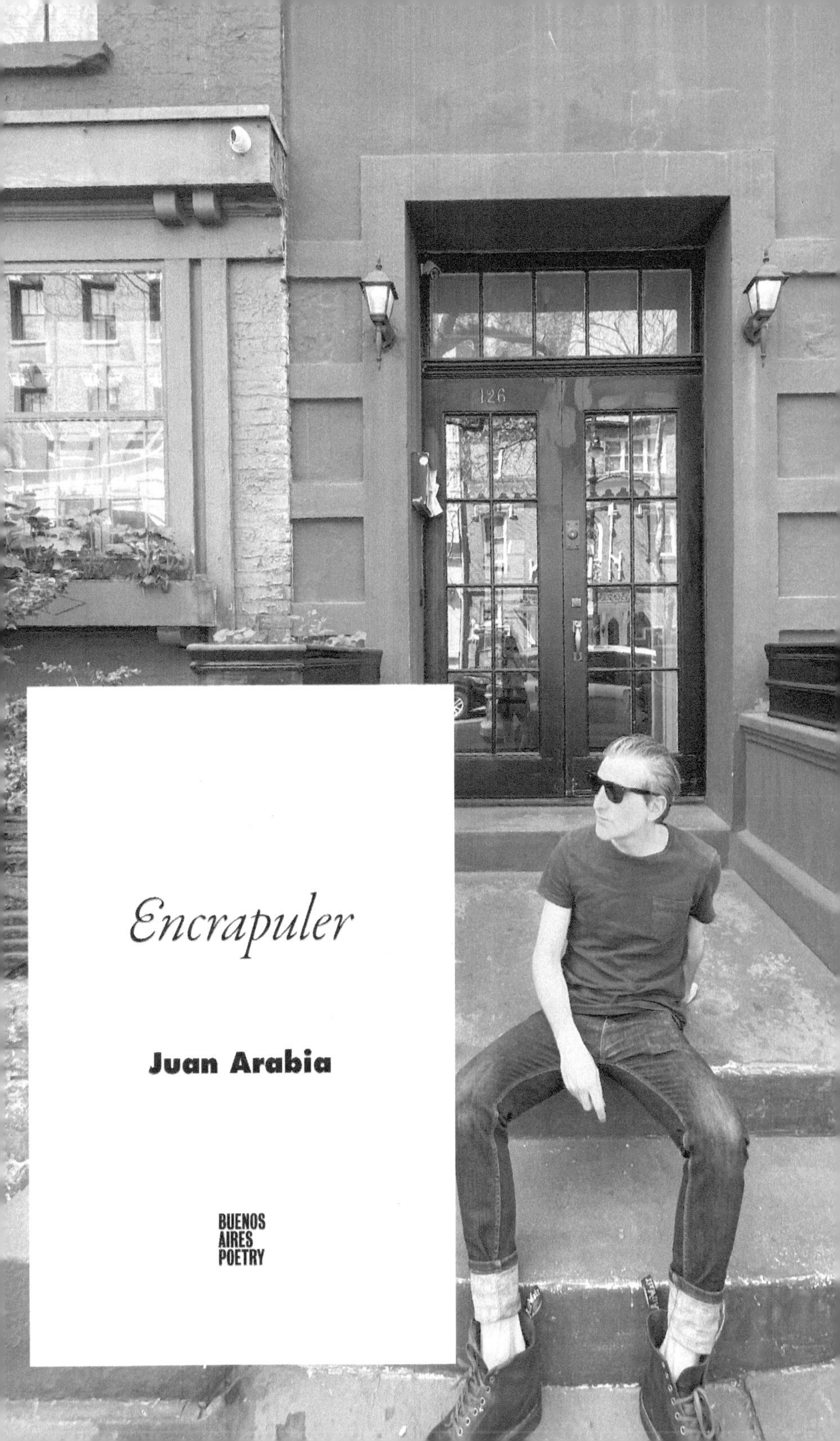

Encrapuler

Juan Arabia

BUENOS
AIRES
POETRY

Arabia, Juan
"Encrapuler"
Buenos Aires Poetry, 2025
80 p. ; 22 cm. x 14 cm.
ISBN 9786316688057

Juan Arabia, primera edición

Editorial Buenos Aires Poetry, 2025
Buenos Aires, Argentina

www.editorialbuenosairespoetry.com
editorial@buenosairespoetry.com

Diseño de portada e interiores, Camila Evia

# Encrapuler

**Juan Arabia**

# Encrapuler

Juan Arabia

*a girl has burned*
*her wilderness to honey but not to death*

Frank Stanford

きらびやかでもないけれど
この一本の手綱をはなさず
この陰暗の地域を過ぎる

*Sin ser espléndidas,*
*no quise soltar estas únicas riendas*
*dejando atrás estas tierras lóbregas*


Chūya Nakahara 中原 中也

# Nacimiento

afuera los cimientos
        provienen de voces artificiales
como se enciende la madera de forma oculta
y de los árboles se extienden las ramas naturales—
        trabajo ocioso de raíces lejanas


de lo que será
        una de las tantas otras cosas protegidas
                —eras o no la especie que dijiste ser—
aquí tienes el lienzo más blanco y puro
        para cosechar sólo lo que te pertenece


pero el nacimiento incluye
        lo que no está en el corazón
o bien rompe con la cáscara más elemental
no deja ningún camino claro frente a las estaciones
        separa al oscuro bosque de sus hojas caídas


        convierte la niebla en polvo
rodea al coyote de conejo y maíz
crece como una montaña, cae como el sol,
        quiebra el sonido de un vórtice
ilumina tu rostro como el de un océano

## **Encrapuler**

De sol pardo, enbrillanté
            los viejos caminos
                    encrapulé
mi rostro en el fango
porque cuando éramos jóvenes
cercaron sus vendas
    y las banderas pesadas
aniquilan distancias

De sol lágrima, enbrillanté
        al sol cielo
                encrapulé
la multitud de la esencia
y en la lentitud del lagarto
    pené mis sombras
sin el veneno de las acacias
            que perdura

## Hilda Hilst asiste a su entierro

23

De la ceniza de un cigarro
            cae la luna

y las flores voltearán su cabeza
            de erguida juventud

mientras se multiplica el recaminar
de la especie, sin centro ni forma

una poeta visita su entierro animal
sentada en las voces de lagunas rojas

# Bulevardul Dacia

25

*Spleen, encrapuler,* padre
la tiranía del tiempo
extiende sus lazos de cielo

y sólo los cuervos escapan
como delfines crujiendo
bajo un mar congelado

# Strada Episcopiei

No pudieron cortar la cabeza de la tradición
                    lo vi en tus calles


y en la miseria del cielo
retiras tus párpados de las estrellas


Debajo del frío septiembre
expandes el abrigo del alcohol


                    luna en estirpe
entre un resto de almas


que sofocan la misma enfermedad
            sea cual sea su celda

## Cruz

29

Vista mi cruz, porque descendí de occidente,
aunque de sus bordes brotan otras cruces
                    mis animales muertos
y la prematura oscuridad del hijo no bautizado

Cruz, tanta basura acumulada,
tantos brotes mal sepultados
que deberías ser uva natural, para crecer
sin dar órdenes o mensajes estériles

Asfixia de madera bañada en oro para los tontos,
cruz, deja a mi cuerpo acumular su barro
y dar su forma, y que sea solo del cielo
el norte que nos separa de la tierra

# El futuro de las ciudades

Se barre el estanque para una foto
        mientras todo el Bund dice lo contrario—
            algo así como
la juventud está en todas partes
vive de otros rostros y otras formas para mostrarse
        vive ahora en una fosa más auténtica
como bebés que nacen y mueren bajo la misma niebla

¿Pero es realmente una ciudad
o son antiguos espíritus sedimentados?

Se ha llegado a todo y nada
        mientras esos jóvenes luchan por una belleza
            que dura menos que la primavera
normalmente obstruida por su propia lluvia

# Juventud

mi corazón está mostrando sus caballos
        de nuevo esta noche

y los pensamientos corren
como jinetes sobre su crin

eras una chica de mechones oscuros
        que se fue sin escribir

con ojos como botellas de genio
acostada en vagones — apuntando al campo

# Infancia

Hubo un tiempo donde los miedos no fueron
heridas sino un simple recuerdo del pasado.

Tiempo del predicador, ciego como una campana,
del transgresor y los cercos sin muerte.

La repetición de un lago no duplica su luna,
la esterilidad del habla funciona como un arpón.

Tiempo de arrojar piedras al mal sedimentado,
de explorar los rincones del bien acéfalo.

# **Rapallo**

37

Ho cominciato a vedere una tristezza che era
ma esisteva altrimenti.


Eden raschiato dal seno di mia madre
E la solitudine di perdere i propri cari.


Quest'altra morte, più vera,
Fu comandata con lo sterco dell'ordine imposto


e le vendite di una volta.
Una lingua nel liquore dei mari.

# Le Poète Sud-Américain

le poète sud-américain exige un contexte
fleurs amères qui contrastent avec le jardin
et simulent tout au plus les voix disparues
mais le long terme est deux fois plus sombre
un déluge en contient maintenant un autre
comme une nouvelle tumeur après métastase
visible seulement par quelques-uns —

Le Poète Sud-Américain

# Kenji Miyasawa renuncia al camino

mártir, te alejaste primero de lo fundamental
       la creencia de tus padres
porque las raíces nunca pueden crecer debajo de otras
   y las semillas blancas buscan la humedad de la noche

Te alejaste del centro y de tu carrera
porque la entrega era lo fundamental
      asistir a tu hermana enferma
   promover la agricultura entre los campesinos pobres

Podrías haberte salvado de todos los sufrimientos
   —ni Kerouac ni Snyder llegaron a tu meseta—
pero elegiste quedarte, envidiando sólo a unos ancianos
que bebían alcohol descalzos con los ojos humedecidos

Por eso escribiste versos inigualables
      junto a tus dos corazones en tierra
    木をきられてもしづまるのだ
       (Aunque corten tus árboles, tienes que calmarte)

# Broken Music

Good now, what music have I broken, fool?

Alfred, Lord Tennyson

La escuché por primera vez del aire
en el campo, poblado de rapaces
y bajó como el oro que mastican
los peces no atrapados de Sant'Anna—
prueba de la ascendencia de mi estirpe
Calabria —para bien o mal— nunca otra

Así pueden decir lo que su estrella
provea: descalabro europeo, ínfimo,
engreído del Plata, río sin
torre ni dios, viviendo de agujeros
respirando la pampa fría y húmeda
porque la vida en la urbe era abusiva

Debías visitar la cruz del sur
y soltar el lagarto overo que huye
de tu despacho cómodo en dominio

para escuchar la música partida
acomodarse al nuevo de los días
y no haberte quedado inmóvil, fuera.

# Muerte de cangrejo

a Cátulo Arabia

Podés regresar a la escuela y pedir perdón
por no comportarte como los demás,
dejarte menospreciar y humillar, tal vez
ser violado, aplastado tu cráneo
por un grupo de jóvenes alienados.
Y podés volver incluso más hacia atrás,
desatarte del nudo de tu propia nuez, dejar
que el calor te sofoque en la noche
de lágrimas, porque el mundo debe descansar
y nadie puede ser tan importante
como para duplicar su deseo en el otro.
Podés, finalmente, ser padre y robar
la botella oscura del licor de tu infancia—
combatir las especies de cangrejos.

# Entierro en Provincia

Y acá estamos, aprovechando la libertades del aire,
regresando del mar, al que encontramos muerto,
siempre por su aroma, nunca por sus movimientos
de repetición en la eternidad

Ahora uno lo olvida, pero era mejor sentarse
en las puertas de los cementerios de provincia
junto a los perros callejeros que se alejaban del sol
poco antes de la llegada los familiares del cuerpo

Por eso, bendice a todos de nuevo, aunque se trate
de un capitán falso y nadie crea en sus oraciones,
arriba del cajón parpadea un crucifijo vernáculo,
hecho con o sin delicadeza, finalmente medido

en polvo y niebla real, el sol de esos perros,
o el trabajo de algunos hombres y mujeres,
círculos ensimismados por un bien mayor,
donde sobrevive la cabeza de un pueblo

## En dehors et en dessus

la mayoría se aparta de la llama blanca
mientras otros buscan en los márgenes
aunque la historia puede leer entrelíneas
¿es nuestra especie la equivocada?

aunque buscar era algo más que un sonido
          el monje negro envolvió sus cartas
                    al borde de la tumba florecida —
mientras seguimos avanzando, dentro de las pequeñas
          y sucias olas     en sed de espada

pídanle a la luna que cierre sus puertas
y entierre al demonio en otro camino
pronúnciense como si fuera un lunes
          ante el crujido frío del cuerpo

## Kouta

51

sobre un rostro inocente
cae de golpe
una gota de lluvia
ぱらぱら

# **Mad Song**

En la casa donde afilan
las estelas de los mares
y las banderas se agrietan
las sábanas de los tordos
 transmutan en hojas secas
las últimas puertas cargan
su crucifijo de mano
ante un Dios bajo tierra

**Retiro**

55

Algún rascacielos te escinde en su altura
pero la visión total no es whitmaniana
las líneas horizontales vencen a las verticales
y las esquinas, a pesar del gris plateado, todavía
están alimentando las antiguas orillas de su vientre,
convocando inevitables suburbios que se esconden
y que parecen derrotados, aunque respiran,
caminan y duermen bajo tus talones.

## Poeta en Buenos Aires

todos mis poemas son falsos
pero en Buenos Aires
después de medianoche
sobre todo en verano
cantan los zorzales
hasta la madrugada
y eso no es falso

# Yuanmingyuan Road

59

Es de día y los pájaros cantan
  más alto que el sol

pero en tu ciudad, donde está tu familia,
  sigue siendo de noche

## **Berryman** (Harvard Advocate, Spring 1969)

Esto viene de Hamann, citado por Kierkegaard.
Hay dos voces, y la primera voz dice:
"Escribe!" y la segunda voz dice: "¿Para quién?"
Creo que eso es maravilloso, no cuestiona el imperativo.

Y la primera voz dice: "Para los muertos a quienes amabas"
de nuevo la segunda voz no lo cuestiona,
en cambio dice: "¿Me leerán?" Y la primera voz dice:
"Sí, porque volverán como posteridad". ¿No es eso bueno?

## Nueva Poesía

bebimos tanto que rebalsó el estanque
y ahora soltamos cangrejos en las orillas

la mala sangre golpeaba y arrastraba
            peces en extinción

y el pescador sólo miraba las verrugas
de la láctea ceguera del océano

a ti, que solo esperabas el inaudito sonido
            de la cabra sacrificial

te entrego la mañana, el nacimiento,
una tierra abierta — despejada de sí

entrego una poesía de ramos nuevos
porque los muertos serán otros

**ENCRAPULER.**
Le mot est inventé par Rimbaud
pour signifier devenir crapule:
Maintenant, je m'encrapule le plus possible
(icttre à Izambard, 13 mai 1871).

# Agradecimientos

Algunos de los poemas fueron publicados anteriormente en las revistas:

"Hilda Hilst asiste a su entierro". *The Brooklyn Rail.* Anselm Berrigan, ed. (December 2022 / January 2023).

"Nueva Poesía", "Encrapuler," "Le poète sud-américain". *Asymptote.* Yew Leong, Editor-in-Chief. Taipei, Taiwan. Digital (Spring 2024),

"Juventud", "Broken Music". *The Southwest Review*, Volume 110, No. 1, issue. Greg Brownderville, ed. (Spring 2025).

# Juan Arabia

Buenos Aires, 1983. Poeta, traductor y crítico literario. Fundador y director del sello editorial y revista *Buenos Aires Poetry*. Autor de numerosos libros de poesía, traducción y ensayos entre los que se encuentran: *Desalojo de la naturaleza* (Buenos Aires Poetry, 2018), *L´Océan Avare* (Al Manar, Voix Vives de Méditerranée en Méditerranée, 2018), *Hacia Carcassonne* (Pre-Textos, 2021) y *Verso Carcassonne* (Raffaelli Editore, 2022). Ha traducido, además, obras de Ezra Pound, Arthur Rimbaud, Dylan Thomas y Dan Fante, entre otros autores.

Egresado de la Facultad de Ciencias Sociales de la Universidad de Buenos Aires, ejerce la crítica literaria en el Suplemento de Cultura del *Diario Perfil* y en *Revista Ñ* de *Diario Clarín*, entre otros.

Luego de la publicación de *El Enemigo de los Thirties* (2015), premiado en Francia, Italia y Macedonia, participó en varios festivales de poesía en Latinoamérica, Europa y China.

En 2018 fue invitado al festival de poesía en Francia (Sète) *Voix Vives* en representación de Argentina, y en 2019 participó del encuentro *Poetry Comes to Museum LXI* auspiciado por el Shanghai

Minsheng Art Museum, siendo el segundo poeta latinoamericano en ser invitado.

Durante los últimos años ha dado lecturas y conferencias en Nueva York (Hofstra University, Torn Page), y participó de los festivales *Litvest* (Timisoara, Rumania, 2022), *Bucharest Poetry Festival* (Bucharest, Rumania, 2022), y *International Festival of Poetry & Liquor* (Luzhou, China, 2023), entre otros.

❋

2025
Impreso en Buenos Aires,
Buenos Aires Poetry
www.editorialbuenosairespoetry.com